Yo juego

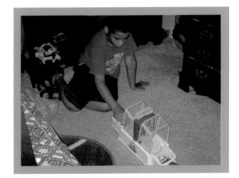

**Texto y fotos por
Anjeanetta Prater Matthews**

Yo juego con mi gato.

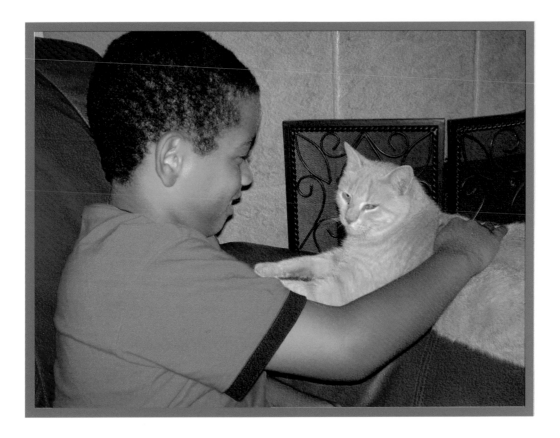

Yo juego con mi perro.

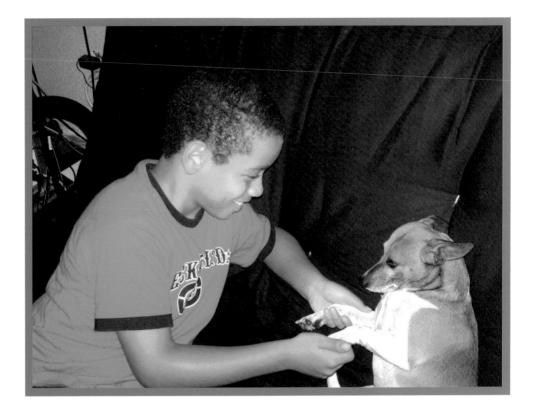

Yo juego con mi hermana.

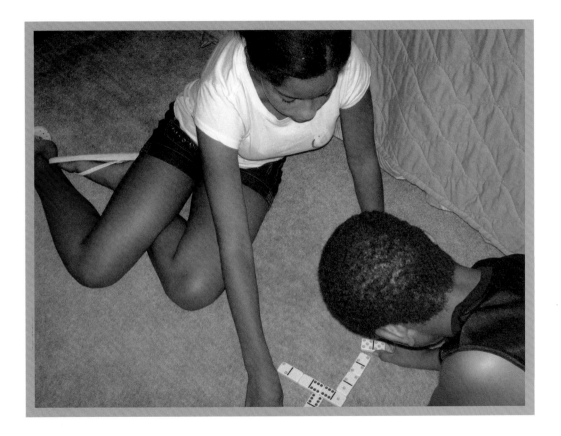

Yo juego con mi pelota.

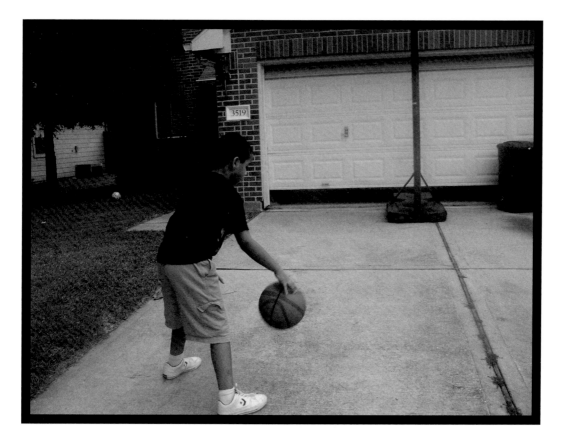

Yo juego con mi juguete.

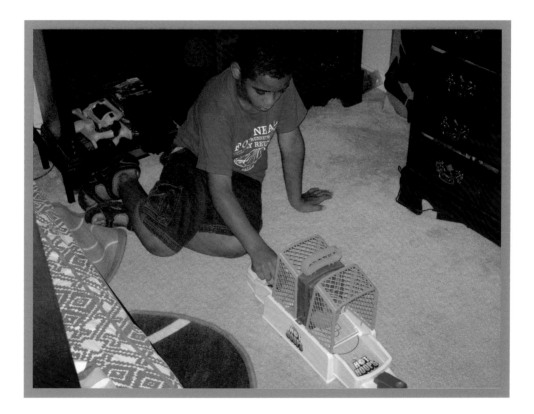

Yo juego con mi rompecabezas.

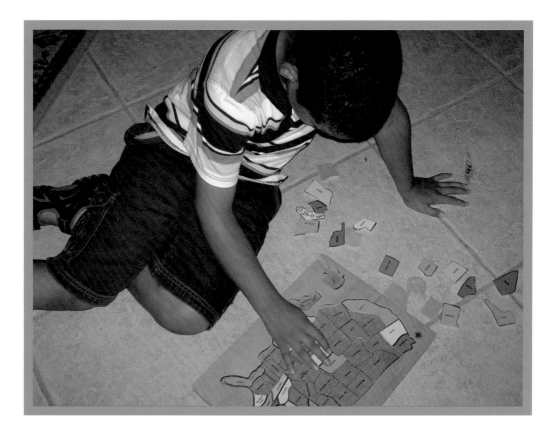

Yo juego con mis tarjetas.

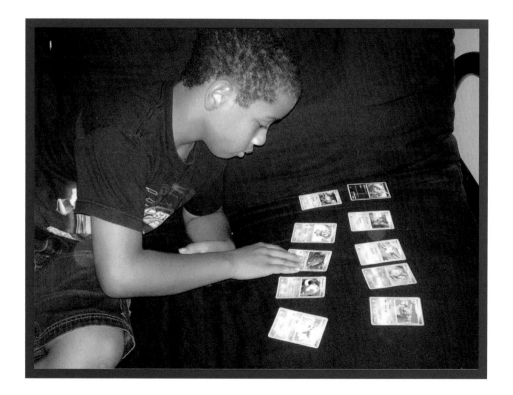